DU BIST KEIN FALL – DU BIST REGELREBELL

Aufklärung & Hilfe für Betroffene von Jugendamtsverfahren

Herausgegeben 05.05.2025

Inhalt

Vorwort – Warum dieses Buch? Warum anonym? 3

Kapitel 1: Struktur & Zuständigkeiten – System Jugendamt verstehen 5

Kapitel 2: Praktische Umsetzung – Realität hinter den Kulissen 7

Kapitel 3: Deine Rechte – verständlich und rechtlich abgesichert 10

Kapitel 4: Verhaltenstipps und Schutzmechanismen 13

Kapitel 5: Konkrete Hilfe & Orientierung für Betroffene 15

Kapitel 6: Schlusswort & Ermutigung 17

....Offener Brief............19

Kapitel 7: Wegweiser – Was du jetzt tun kannst.......22

Kaitel 8: Mustersammlung A–E 24

    A. Informationsrechte 24

    B. Rechtsschutz & Verfahrenshilfe 35

    C. Sorgerecht & Familienstruktur 43

    D. Erinnerung & gerichtliche Kontrolle 25

    E. Beschwerden & institutionelle Kontrolle 63

Impressum 71

Gesamtseitenzahl: 71

Vorwort – Warum dieses Buch? Warum anonym?

Ich bin nicht hier, um zu gefallen. Ich bin hier, um aufzudecken.

Mein Name bleibt verborgen – nicht aus Feigheit, sondern aus Fokus.

Es geht um dich. Um dein Kind. Um deine Rechte. Und um das System, das dir diese Rechte zu oft aus der Hand reißt.

Du bist kein Einzelfall. Du bist Teil einer Bewegung – der Aufklärung.

Dieses Buch soll dir helfen, das Jugendamt und Familiengerichte besser zu verstehen, deine Rechte durchzusetzen und den Mut zu fassen, für dich und dein Kind einzustehen.

In einfacher Sprache – mit juristischem Rückgrat.

Wenn du dieses Buch in der Hand hältst, hast du bereits den ersten und wichtigsten Schritt getan:

Du hast dich entschieden, nicht mehr zu schweigen.

Vielleicht wurdest du übergangen.

Vielleicht hat man dir nicht geglaubt.

Vielleicht hattest du niemanden, der dich ernst genommen hat.

Doch jetzt hast du Werkzeuge. Worte. Wissen.

Und du hast einen Standpunkt – deinen.

Du bist nicht nur Betroffene*r.

Du bist **RegelRebell.**

Dieses Werk basiert auf fundierten rechtlichen Kenntnissen sowie langjähriger beruflicher Erfahrung in Theorie und Praxis des Familienrechts und verwandter Verwaltungsverfahren. Die Inhalte wurden mit größter Sorgfalt und aus der Perspektive zahlreicher realer Fallbegleitungen zusammengestellt, um betroffenen Menschen praxisnahe Hilfe zu ermöglichen – anonym, aber wirkungsvoll.

Kapitel 1: Struktur & Zuständigkeiten – System Jugendamt verstehen

Das Jugendamt ist eine kommunale Behörde, die dem Schutz und der Förderung von Kindern und Jugendlichen dient. Es agiert im Rahmen des SGB VIII (Kinder- und Jugendhilfe).

1. <u>Bundesebene:</u>
- Bundesministerium für Familie, Senioren, Frauen und Jugend (BMFSFJ)
- Aktuelle Leitung (Stand 2025): Lisa Paus, Partei Bündnis 90/Die Grüne

2. <u>Landesjugendämter:</u>
- Aufsicht über die kommunalen Jugendämter
- Fachliche Beratung und Kontrolle

3. <u>Kommunale Jugendämter:</u>
- Ansprechpartner vor Ort
- Unterteilt in Allgemeiner Sozialer Dienst (ASD), Pflegekinderdienst, etc.

<u>Interne Struktur:</u>

- Leitung des Jugendamts (Verwaltungsspitze)
- Teamleitungen, Sachbearbeiter
- Gleichstellungsbeauftragte

<u>Kontroll- und Beschwerdeinstanzen:</u>

- Familiengericht (z.B. Beschwerden und Abänderung Sorgerechtsentscheidung)
- Ombudschaft Jugendhilfe
- Kommunale Beschwerdestelle im Rathaus

Kapitel 2: Praktische Umsetzung – Realität hinter den Kulissen

In der Praxis zeigt sich ein starkes Auseinanderklaffen zwischen rechtlichem Anspruch und tatsächlichem Verwaltungshandeln. Viele Betroffene berichten über systemische Hindernisse, mangelhafte Kommunikation und schwer nachvollziehbare Entscheidungen.

- **Entscheidungen ohne echte Prüfung:**
  Oft reichen vage Vermutungen, anonyme Hinweise oder nicht belegte Einschätzungen aus, um tiefgreifende Maßnahmen einzuleiten.

- **Gespräche werden abgebrochen:**
  Wenn Betroffene auf ihr Anhörungsrecht pochen oder Zeugen verlangen, werden Gespräche teils einseitig beendet oder verweigert.

- **Zeugenbeteiligung verweigert:**
  Wichtige Bezugspersonen dürfen oft nicht angehört werden oder werden diskreditiert.

- **Protokolle unvollständig oder einseitig:**
  Häufig wird dokumentiert, was dem Amt dient – nicht, was tatsächlich gesagt wurde.

- **Immer gleiche Gutachter:**
  Viele Gerichte greifen auf denselben kleinen Pool an Gutachtern zurück. Deren Neutralität und Methodik wird dabei nicht hinterfragt.

- **Einflussnahme auf getrennte Elternteile:**
  Jugendämter stehen im Verdacht, systematisch einen Elternteil stärker einzubinden. Das andere Elternteil wird dabei verdrängt, wenn dadurch ein Fall ausgelöst werden kann, der Fördermittel aufrechterhält.

- **Übergehung des Vaters bei Sorgerechtsentscheidungen:**
  Auch bei guter Eignung wird Vätern häufig nicht die Sorge übertragen.

- **Fehlende Objektivität bei streitenden Elternteilen:**
  Eine objektive Betrachtung und Fokussierung auf das Kindeswohl bleibt aus. Bestellte Beistände entziehen sich einer klaren Positionierung und fordern Gutachten ein, deren Methodik oft fragwürdig ist. Kritische Elternteile gelten als unbequem und werden gerne verdrängt. Wenn ein Elternteil bereit ist, sich den Auflagen des Jugendamts zu unterwerfen, erhält dieser häufiger die Sorge – unabhängig von tatsächlicher Eignung.

- **Trennung von Geschwistern:**
  Es kommt vor, dass Geschwister auf verschiedene Einrichtungen oder Pflegefamilien verteilt werden. Eine Anhörung findet selten statt.

- **Häufige Wechsel:**
  Ständig neue Mitarbeiter oder Ortswechsel erschweren das Verfahren und die Bindung des Kindes.

- **Verzögerung bei Familienlösungen:**
  Selbst bei bereiten Verwandten zieht sich das
  Verfahren oft bis zur Volljährigkeit – durch Untätigkeit.

- **Bindung an Richtlinien:**
  Zwar gibt es rechtliche Rahmen, die von Land zu
  Land, teils sogar von Stadt zu Stadt unterschiedlich
  berücksichtigt werden. Dennoch hängen
  Entscheidungen oft stark von persönlichen
  Einschätzungen der Leitung ab.

- **Personalnot:**
  Eine Sachbearbeiterin betreut nicht selten 50 Fälle
  gleichzeitig – echte Prüfungen sind kaum möglich.

- **Verschulden und Vertuschung:**
  Kommt es zu Fehlern oder gar schuldhaften
  Versäumnissen, werden diese oft heruntergespielt
  oder nicht dokumentiert. In manchen Fällen sind
  Akten plötzlich nicht mehr auffindbar. Nach außen
  wird mit „Personalmangel" argumentiert – doch das
  erklärt nicht jede Nachlässigkeit.

Kindeswohl oder Systemversagen? – Diese Fragen müssen
erlaubt sein. Die Realität fordert einen kritischen Blick – und
mutige Stimmen.

Kapitel 3: Deine Rechte – verständlich und rechtlich abgesichert

Viele Eltern und Betroffene wissen nicht, welche Rechte sie in einem Verfahren mit dem Jugendamt oder dem Familiengericht haben. Hier findest du eine Übersicht der wichtigsten Rechte – in einfacher Sprache, aber mit rechtlicher Grundlage. Ganz wichtig: Alle hier aufgeführten Rechte stehen dir auch dann zu, wenn dir das Sorgerecht entzogen wurde.

---

1. **Recht auf Anhörung**

    Du hast das Recht, vor einer familiengerichtlichen Entscheidung angehört zu werden.
    → § 160 FamFG (Erwachsene), § 159 FamFG (Kinder ab ca. 3 Jahren, spätestens ab 14 Jahren)

2. **Recht auf Akteneinsicht**

    Du darfst deine Akte einsehen – sowohl beim Jugendamt als auch beim Familiengericht.
    → § 25 SGB X (Verwaltungsakte beim Jugendamt), § 170 FamFG (Gerichtsakte)

3. **Recht auf Zeugenbeteiligung**

    Du darfst Personen benennen, die für deine

Sichtweise sprechen. Diese müssen angehört
werden.
→ § 27 FamFG

4. Recht auf neutralen Gutachter

Gutachter dürfen nicht befangen oder parteiisch
sein. Du kannst ihre Ablehnung beantragen.
→ § 406 ZPO

5. Recht auf objektiven Vormund oder Beistand

Auch bestellte Vertreter (z. B.
Verfahrensbeistände) müssen neutral und
geeignet sein.
→ Erinnerung möglich (§ 573 ZPO), Überprüfung
durch das Gericht (§ 1779 BGB)

6. Recht auf Verfahrenskostenhilfe (VKH)

Wenn du dir keinen Anwalt leisten kannst, kannst
du VKH beantragen.
→ § 76 FamFG

7. Recht auf Erinnerung oder Beschwerde

Wenn du mit einer gerichtlichen oder
behördlichen Entscheidung nicht einverstanden
bist, kannst du dich wehren.

→ Erinnerung (§ 573 ZPO), Beschwerde (§ 58 FamFG)

8. Recht auf Wiederübertragung der elterlichen Sorge

Wenn sich deine Lebenssituation verbessert hat, kannst du eine Rückübertragung beantragen.
→ § 1696 BGB

9. Recht auf Auskunft und Berichte

Du darfst vom Jugendamt regelmäßige Informationen und Jahresberichte verlangen – auch bei Einschränkungen deiner Sorge.
→ Auskunftsrecht durch § 1686 BGB i. V. m. § 37 SGB VIII

10. Recht auf Schutz vor unbegründetem Eindringen

Deine Wohnung darf nicht ohne richterlichen Beschluss betreten werden.
→ Art. 13 GG, § 1666 BGB

Kapitel 4: Verhaltenstipps und Schutzmechanismen

In emotionalen oder unsicheren Situationen mit dem Jugendamt ist es wichtig, ruhig zu bleiben – und deine Rechte zu kennen. Hier findest du klare Sätze und Hinweise, wie du dich schützen kannst.

Was kann ich sagen, wenn das Jugendamt vor der Tür steht?
„Ich bin zur Kooperation bereit, mache aber von meinem Grundrecht auf Unverletzlichkeit der Wohnung Gebrauch (Art. 13 GG). Bitte legen Sie einen richterlichen Beschluss vor. Ohne diesen kann ich Sie nicht hereinlassen."

Was, wenn ich mich gedrängt fühle?
„Ich brauche Bedenkzeit und rechtliche Beratung, bevor ich entscheide oder mich äußere."

Muss ich mit dem Jugendamt sprechen?
Nein. Du hast ein Schweigerecht – insbesondere, wenn du das Gefühl hast, dass deine Aussagen gegen dich verwendet werden könnten.

Was ist eine akute Gefahr für das Kindeswohl?
Nur wenn eine unmittelbare erhebliche Schädigung des Kindes droht – z. B. durch Gewalt, Missbrauch oder massive Vernachlässigung – liegt eine akute Gefahr vor.

Darf das Jugendamt einfach meine Wohnung betreten?

Nur mit richterlicher Genehmigung – außer es liegt
Lebensgefahr vor (Gefahr im Verzug).

Darf mein Kind ohne mein Wissen befragt werden?
Das Jugendamt darf Kinder anhören (§ 8 SGB VIII), aber
nur altersgerecht und freiwillig. Aussagen dürfen nicht
ohne kritische Prüfung zur Grundlage für Maßnahmen
gemacht werden.

**Was tun, wenn mein Kind befragt wurde und ich nichts
wusste?**
Du kannst eine *Erinnerung* gegen diese Vorgehensweise
einlegen und *Akteneinsicht* verlangen.

Kapitel 5: Konkrete Hilfe & Orientierung für Betroffene

Wissen allein reicht oft nicht – du brauchst konkrete Hilfsmittel, um handlungsfähig zu bleiben.
In diesem Kapitel erhältst du eine Einführung zur Anwendung der Mustervorlagen, die du in **Kapitel 8** vollständig findest. Du kannst diese direkt ausfüllen, ausdrucken und verwenden – sie sind bewusst in einfacher Sprache gehalten, aber juristisch fundiert.

Wann solltest du ein Muster nutzen?

- Wenn du **nicht angehört** wurdest
- Wenn dir die **Akteneinsicht verweigert** wurde
- Wenn du das Gefühl hast, dass Entscheidungen **voreingenommen** getroffen wurden
- Wenn du das **Sorgerecht zurückerlangen** möchtest
- Wenn dein **Kind unangemessen befragt** wurde
- Wenn du das Gefühl hast, das Jugendamt handelt **nicht objektiv oder schweigt**

So nutzt du die Mustervorlagen richtig:

1. **Ruhig bleiben:** Lies zuerst die kurze Erklärung vor jedem Muster – sie zeigt dir, in welchem Fall du es einsetzen kannst.
2. **Formular ausfüllen:** Trage deine Daten in die Leerstellen ein. Viele Muster kannst du **sofort handschriftlich ergänzen**.
3. **An das richtige Gericht oder Amt senden:** Achte auf die Empfängeradresse – oft steht sie auf deinen bisherigen Schreiben oder du findest sie auf der Internetseite deiner Stadt oder deines Landkreises.
   Folgende Webseite hilft dir, das zuständige Gericht zu finden:
   https://www.justizadressen.nrw.de/
   Folgende Webseite hilft dir, das zuständige Jugendamt zu finden:
   https://www.unterstuetzung-die-ankommt.de/de/das-sind-wir/jugendamt-vor-ort-finden/
4. **Nachweise beifügen:** Wenn möglich, lege Kopien von Nachweisen bei (z. B. Therapiebescheinigung, Schreiben des Jugendamts, E-Mails, Notizen etc.).
5. **Kopie behalten:** Mache dir von jedem Schreiben eine Kopie – und notiere dir das Versanddatum.

Was tun, wenn du unsicher bist?

Nutze dein **Recht auf rechtlichen Beistand** oder wende
dich an eine Beratungsstelle oder Ombudsstelle (siehe
Kapitel 1.5).
Falls du dich allein fühlst: **Du bist nicht allein.** Du bist
Teil einer Bewegung, die sich wehrt – sachlich, rechtlich
und mit Würde.

Kapitel 6: Schlusswort & Ermutigung

Wenn du dieses Buch bis hierhin gelesen hast, weißt du
nun mehr als viele andere.
Du kennst deine Rechte. Du weißt, worauf du achten
musst. Und du weißt, wie du dich schützen kannst.

Aber noch wichtiger:

Du hast begonnen, dich zu wehren.

Du bist nicht machtlos. Du bist informiert. Und du bist
nicht allein.

In diesem Buch ging es nicht nur um Paragrafen – es ging
um Menschen. Um Kinder. Um Eltern. Um dich.
Es ging um Gerechtigkeit – und darum, nicht mehr zu
schweigen.

Viele Betroffene fühlen sich klein, überrannt,
ausgegrenzt.

Doch jede Stimme zählt – und deine ist jetzt lauter als vorher.

Deshalb endet dieses Buch nicht mit einem Punkt, sondern mit einem Ruf:

📢 **Für mehr Transparenz. Für Gerechtigkeit. Für Menschlichkeit.**

Gleich auf der nächsten Seite findest du den **offenen Brief**, den ich stellvertretend für viele Betroffene an die Politik gerichtet habe.

Er fasst die zentralen Missstände zusammen – und macht klar:

Es muss sich etwas ändern.

Offener Brief, abgesandt per E-Mail und über den Postweg am 28.05.2025

Regel_Rebell
by TikTok   E-Mail:
Paragraphenjongleuer@gmail.com

**Bundesministerium für
Familie (BMFSFJ)**
Glinkastraße 24
10117 Berlin

28. April 2025

Betreff: Offener Brief zur Reform des Jugendhilfesystems in Deutschland

Sehr geehrte Damen und Herren,

ich wende mich und erhebe meine Stimme für die betroffenen Bürger mit einer dringenden Bitte an Sie, die sich auf die aktuellen Missstände im Jugendhilfesystem in Deutschland bezieht. Seit vielen Jahren beobachten wir eine Entwicklung, die dem Kindeswohl, den Elternrechten und der Familienzusammenführung immer mehr schadet. Die Praxis der Jugendämter hat sich in einer Weise gewandelt, die weder im Interesse der Kinder noch der Eltern ist.

I. Historische Entwicklung und Wandel des Jugendhilfesystems

Die Ursprünge des Jugendamtes reichen bis ins frühe 20. Jahrhundert zurück, als die Aufgabe darin bestand, Kinder und Familien zu unterstützen. In der Nachkriegszeit wurde das Prinzip der Hilfe zur Selbsthilfe weiter verfolgt. Die Eingriffe des Jugendamtes sollten im besten Interesse des Kindes stattfinden, jedoch nur dann, wenn dies aus tatsächlicher Gefahr für das Kindeswohl erforderlich war.

In der heutigen Zeit hat sich dieses System leider stark verändert. Statt einem Fokus auf Unterstützung und Prävention steht zunehmend eine schnellere und häufig unnötige Entfernung von Kindern aus ihren Familien im Mittelpunkt, oft ohne adäquate Prüfung der Alternativen.

Die Auswirkungen dieser Fehlentwicklung sind auf mehreren Ebenen spürbar:

1. Uneinheitliche Standards: In verschiedenen Bundesländern und Städten gibt es große Unterschiede in der Handhabung von Fällen. In Städten wie München oder Frankfurt wird oft schneller zur Herausnahme von Kindern gegriffen, während in anderen Regionen wie Kiel oder Rostock eher Unterstützungsmaßnahmen versucht werden. Dies führt zu Unsicherheit und einer willkürlichen Anwendung der Gesetze.
2. Fehlende Transparenz und unzureichende Kontrolle: Viele Einrichtungen, die mit den freien Trägern wie Caritas oder SOS-Kinderdorf zusammenarbeiten, setzen eigene Standards, die oft fragwürdig und nicht ausreichend überprüft sind. Dies hat schon wiederholt zu Skandalen geführt. Ein prominentes Beispiel ist der Missbrauchsskandal im SOS-Kinderdorf Sauerland, der zeigt, wie schlecht die Überprüfung dieser Institutionen durchgeführt wird.
3. Missbrauch und Misshandlungen nach der Wegnahme: Studien zeigen, dass ein erheblicher Teil der Kinder, die nach einer Inobhutnahme in Pflegefamilien oder Heimen untergebracht werden, Opfer von Misshandlungen und Missbrauch wird. Laut einer Studie des Deutschen Jugendinstituts aus dem Jahr 2020 berichten 27 Prozent der Kinder nach ihrer Inobhutnahme von Misshandlungen, was die Defizite im aktuellen System deutlich macht.
4. Elternrechte werden ignoriert: Gerade Väter haben es besonders schwer, ihr Umgangsrecht oder sogar die elterliche Sorge zu wahren. Häufig werden sie im Entscheidungsprozess benachteiligt, ohne dass ihre Rechte gewahrt werden. Zudem wird vielen Eltern der Zugang zu wichtigen Akten und die Möglichkeit zur Anhörung ihrer Zeugen verweigert.
5. Fehlende Unterstützung und Aufklärung für die Kinder: Die Kinder, die nach der Wegnahme aus ihrer Familie in Heimen oder Pflegefamilien untergebracht werden, werden selten ausreichend über ihre Situation aufgeklärt. Dies führt dazu, dass sie die Trennung als ungerecht empfinden und eine Abneigung gegenüber ihren Eltern entwickeln.

III. Der internationale Vergleich – Norwegen als Vorbild

Ein Land, das in diesem Bereich als Vorbild dienen könnte, ist Norwegen. In Norwegen wird eine Trennung von Kindern nur als letzter Schritt betrachtet und nur, wenn alle anderen Alternativen ausgeschöpft sind. Zudem gibt es klare und transparente Standards, die landesweit einheitlich angewendet werden. Eltern haben Anspruch auf einen Pflichtanwalt und eine umfassende rechtliche Beratung. Kinder werden bei Bedarf durch spezialisierte Psychologen unterstützt, und die Aufklärung erfolgt in einem frühen Stadium.

Norwegen verfolgt einen ganzheitlichen Ansatz und hat eine wesentlich höhere Erfolgsquote in der Rückführung von Kindern zu ihren Eltern oder deren Familien als Deutschland. Der Anteil von

Kindern, die mit Unterstützung des Systems erfolgreich in ihre Familien zurückgeführt werden, liegt bei 72 Prozent, was deutlich höher ist als die Erfolgsquote in Deutschland.

IV. Forderungen

Vor diesem Hintergrund fordere ich folgende Änderungen im deutschen Jugendhilfesystem:

1. Einheitliche Standards für alle Bundesländer: Die Länder sollten sich auf gemeinsame, transparente Standards für die Kindeswohlgefährdung und Inobhutnahme einigen, die landesweit angewendet werden.
2. Stärkung der Elternrechte: Eltern sollten ein stärkeres Mitspracherecht und einen besseren Zugang zu den relevanten Akten erhalten. Väter sollten in gleicher Weise wie Mütter berücksichtigt werden.
3. Unabhängige Kontrollinstanzen: Es sollte unabhängige Instanzen geben, die die Arbeit der Jugendämter und der freien Träger regelmäßig prüfen und sicherstellen, dass Kindeswohl und Elternrechte gewahrt bleiben.
4. Verpflichtende Schulung und Aufklärung für Kinder: Kinder sollten regelmäßig über ihre Rechte und die Situation aufgeklärt werden, um ihnen zu helfen, den Trennungsprozess zu verstehen und gegebenenfalls eine Rückkehr zu ihrer Familie zu unterstützen.

V. Schlusswort

Ich bitte Sie, sich der dringenden Notwendigkeit einer Reform des Jugendhilfesystems anzunehmen. Die derzeitige Praxis gefährdet nicht nur das Kindeswohl, sondern auch das Vertrauen der Eltern und der Gesellschaft in die Institutionen des Staates. Es ist an der Zeit, Verantwortung zu übernehmen und die Strukturen zu schaffen, die Familien wirklich helfen.

Quellen:

- DJI-Studie (2020): Misshandlungen nach Inobhutnahme
- BMFSFJ (2021): Elternrechte und Väterbeteiligung
- AWO, Caritas, SOS-Kinderdorf (2022): Skandale und Missbrauchsfälle
- Norwegisches Kinderschutzgesetz (2024)
- Studie zur Straffälligkeit von Jugendlichen nach Inobhutnahme (BPtK, 2022)

Im Namen der Betroffenen
Hochachtungsvoll
Regel_Rebell

Kapitel 7: Wegweiser – Was du jetzt tun kannst

Du hast jetzt viele Informationen erhalten – über Strukturen, Rechte, Missstände und Handlungsmöglichkeiten. Doch Theorie allein hilft nicht. Es geht darum, ins Handeln zu kommen. Hier sind deine nächsten Schritte:

1. Sortiere deine Situation

- Was genau ist passiert?
- Welche Entscheidungen stehen an?
- Was willst du erreichen?

2. Fordere Akteneinsicht

- Nutze die Mustervorlagen für Akteneinsicht beim Jugendamt und/oder Familiengericht.
- So bekommst du Einblick, was über dich und dein Kind dokumentiert wurde.

3. Formuliere deine Anträge

- Wähle aus der Mustersammlung die passenden Anträge (z. B. auf Anhörung, Beschwerde, Befangenheit).
- Drucke sie aus, fülle sie aus, reiche sie ein – schriftlich, mit Eingangsbestätigung.

4. Dokumentiere alles

- Führe ein Gesprächsprotokoll nach jedem Kontakt mit dem Jugendamt.
- Notiere Namen, Uhrzeiten, Inhalte. Sammle Beweise, E-Mails, Schreiben.

5. Hol dir Unterstützung

- Vertrauenswürdige Personen aus deinem Umfeld
- Anwalt für Familienrecht
- Beratungsstellen (aber kritisch auswählen!)

6. Bleib ruhig, aber konsequent

- Emotionen sind verständlich – doch in Schriftverkehr und Gesprächen zählt Sachlichkeit.
- Du darfst NEIN sagen. Du darfst dich beraten lassen. Du darfst schweigen.

7. Bleib informiert – bleib vernetzt

- Folge dem Projekt **RegelRebell** auf TikTok: tiktok.com/@regel_rebell
- Stelle Fragen, teile deine Erfahrungen, bleib am Ball.

Kapitel 8: Mustersammlung A–E

In diesem Kapitel findest du alle Musterschreiben nach Themenfeldern gegliedert. Die vollständigen Vorlagen liegen im Anhang als druckfertige Dokumente (Format A4) bei.
Die Nummerierung hilft dir bei der gezielten Orientierung.

A. Informationsrechte

A.1 Antrag auf vollständige Akteneinsicht beim Jugendamt
A.2 Antrag auf hilfsweise eingeschränkte Akteneinsicht beim Jugendamt
A.3 Antrag auf Akteneinsicht beim Familiengericht
A.4 Antrag auf Auskunft über aktuelle Entwicklung / Jahresbericht des Kindes

---

B. Rechtsschutz & Verfahrenshilfe

B.1 Antrag auf Verfahrenskostenhilfe (VKH)
B.2 Untätigkeitsklage gegen das Jugendamt – bei ausbleibender Widerspruchsentscheidung
B.3 Untätigkeitsklage gegen das Jugendamt – bei ausbleibender Reaktion auf Antrag

B.4 Erklärung zur Gerichtsstandssuche (inkl. Online-Recherchehilfe)

C. Sorgerecht & Familienstruktur

C.1 Antrag auf Wiederübertragung der elterlichen Sorge – beide Elternteile
C.2 Antrag auf Wiederübertragung der elterlichen Sorge – ein Elternteil
C.3 Antrag auf Wiederübertragung der Sorge – nahestehende Verwandte

---

D. Erinnerung & gerichtliche Kontrolle

D.1 Erinnerung gegen verweigerte Akteneinsicht beim Familiengericht
D.2 Erinnerung wegen fehlender Anhörung des Kindes (ab 14 Jahren)
D.3 Erinnerung wegen übergangener Entscheidung (z. B. Vormundschaftswechsel)
D.4 Erinnerung gegen den eingesetzten Gutachter
    – wegen Befangenheit
    – wegen Bezugnahme auf strittige Theorie (z. B. Kentler)
    – wegen auffälliger Geschäftsbeziehungen
D.5 Erinnerung gegen den eingesetzten Vormund
    – fehlende Eignung
    – negative Erfahrungen

– Trennung von Geschwistern
– häufiger Zuständigkeitswechsel

D.6 Erinnerung gegen den eingesetzten Beistand
– bekannte einseitige Positionierung
– mangelnde Neutralität
– frühere Beteiligung am Verfahren

D.7 Erinnerung wegen unangemessener Kinderbefragung

E. Beschwerden & institutionelle Kontrolle

E.1 Beschwerde gegen das Jugendamt
– fehlende oder einseitige Protokolle
– verweigerte Zeugenbeteiligung

E.2 Dienstaufsichtsbeschwerde gegen das Jugendamt

E.3 Antrag auf Ausschluss eines Entscheiders wegen Befangenheit

E.4 Beschwerde gegen den Vormund – Antrag auf Überprüfung der Eignung und Wechsel

A.1 Informationsrechte – Antrag auf Akteneinsicht beim Jugendamt

Verwendung: Wenn du Einsicht in deine Jugendsamtakte haben willst.

Absender:
[Vorname Nachname]
[Adresse]
[Kontakt]

An das Jugendamt
[Ort]

Ort, Datum: _____

Az. (Aktenzeichen, falls bekannt):
_____

Betreff:
Antrag auf Akteneinsicht gemäß § 25 SGB X

Sehr geehrte Damen und Herren,

hiermit beantrage ich Akteneinsicht in sämtliche mich und mein(e) Kind(er) betreffende Unterlagen.

Bitte gewähren Sie mir Einsicht in Kopieform oder ermöglichen Sie einen Vor-Ort-Termin.

Mit freundlichen Grüßen

_____

[Unterschrift]

A.2 Antrag auf eingeschränkte Akteneinsicht (hilfsweise)

Verwendung: Wenn das Jugendamt vollständige Akteneinsicht verweigert.

Absender:
[Vorname Nachname]
[Adresse]
[Kontakt]

An das Jugendamt
[Ort]

Ort, Datum: _____

Az. [Aktenzeichen, falls bekannt]:
_____

Betreff: Antrag auf hilfsweise eingeschränkte Akteneinsicht

Sehr geehrte Damen und Herren,

für den Fall, dass vollständige Akteneinsicht aus rechtlichen Gründen abgelehnt wird, beantrage ich hilfsweise die Einsicht in alle wesentlichen Entscheidungsgrundlagen, insbesondere Gefährdungseinschätzungen, Protokolle und Stellungnahmen.

Bitte begründen Sie etwaige Einschränkungen schriftlich und nachvollziehbar.

Mit freundlichen Grüßen

_____

(Unterschrift)

A.3 Antrag auf Akteneinsicht beim Familiengericht

Verwendung: Wenn du Einsicht in gerichtliche Akten nach beantragen willst.

Absender:
[Vorname Nachname]
[Adresse]
[Kontakt]

An das Amtsgericht – Familiengericht
[Ort]

Ort, Datum: _____

Az. [Aktenzeichen, falls bekannt]:
_____

Betreff: Antrag auf Akteneinsicht gemäß § 170 FamFG

Sehr geehrte Damen und Herren,

hiermit beantrage ich die Akteneinsicht im familiengerichtlichen Verfahren betreffend mein(e) Kind(er) [Name, Geburtsdatum].

Bitte gewähren Sie mir Einsicht in die vollständige Verfahrensakte. Ich bin zur persönlichen Vorsprache bereit oder bitte alternativ um eine Kopieübersendung der relevanten Unterlagen.

Für den Fall, dass vollständige Akteneinsicht aus rechtlichen Gründen abgelehnt wird, beantrage ich hilfsweise eingeschränkte Akteneinsicht. Bitte begründen Sie etwaige Einschränkungen schriftlich und nachvollziehbar.

Mit freundlichen Grüßen

_____

(Unterschrift)

A.4 Antrag auf Auskunft / Bericht über das Kind

Verwendung: Wenn du Informationen zum aktuellen Entwicklungsstand, zur Unterbringung oder zum Wohlergehen deines Kindes anforderst.

Absender:
[Vorname Nachname]
[Adresse]
[Kontakt]

An das Jugendamt
[Ort]

Ort, Datum: _____

Az. [Aktenzeichen, falls bekannt]:

_____

Betreff: Antrag auf Auskunft gemäß § 50 SGB VIII

Sehr geehrte Damen und Herren,

hiermit beantrage ich als sorgeberechtigter bzw. berechtigter Elternteil Auskunft über den aktuellen Stand und das Wohlergehen meines Kindes [Name, Geburtsdatum].

Bitte teilen Sie mir insbesondere Folgendes schriftlich mit:

- Aufenthaltsort und Betreuungsform
- Entwicklungsstand und gesundheitliche Lage
- Besuche oder Kontakte zu Bezugspersonen
- Maßnahmen und Perspektivplanung

Ich bitte um zeitnahe Rückmeldung und vollständige Offenlegung gemäß den gesetzlichen Verpflichtungen zur Informationsweitergabe.

Mit freundlichen Grüßen

_____

(Unterschrift)

B.1 Antrag auf Verfahrenskostenhilfe

Verwendung: Wenn du dir keinen Anwalt leisten kannst und Unterstützung im familiengerichtlichen Verfahren beantragst. Formular zu finden unter:
https://www.bmj.de/DE/service/formulare/form_prozesskostenhilfe/form_prozesskostenhilfe_node.html

Absender:
[Vorname Nachname]
[Adresse]
[Kontakt]

An das Amtsgericht – Familiengericht
[Ort]

Ort, Datum: _____

Az.: [Aktenzeichen, falls bekannt]

Betreff: Antrag auf Verfahrenskostenhilfe gemäß § 76 FamFG

Sehr geehrte Damen und Herren,

hiermit beantrage ich die Bewilligung von Verfahrenskostenhilfe für das familiengerichtliche Verfahren betreffend mein(e) Kind(er) [Name, Geburtsdatum].

Ich bin finanziell nicht in der Lage, die Verfahrenskosten zu tragen. Das ausgefüllte Formular über meine persönlichen und wirtschaftlichen Verhältnisse sowie Nachweise zur Bedürftigkeit sind diesem Antrag beigefügt.

Ich bitte um wohlwollende Prüfung und Entscheidung.

Mit freundlichen Grüßen

_____

(Unterschrift)

Anlagen:

Antragsformular

Nachweise zu den Einkommensverhältnissen

B.2 Untätigkeitsklage gegen das Jugendamt (Widerspruch)

Verwendung: Wenn dein Widerspruch gegen eine Entscheidung des Jugendamts seit mehr als 6 Monaten nicht beschieden wurde.

Absender:
[Vorname Nachname]
[Adresse]
[Kontakt]

An das Verwaltungsgericht
[Ort – bitte zuständiges Gericht ermitteln, z. B. auf: www.justizadressen.nrw.de]

Ort, Datum: _____

Az. [Aktenzeichen, falls bekannt]:

_____

Betreff: Untätigkeitsklage gemäß § 75 VwGO wegen nicht entschiedenen Widerspruchs

Sehr geehrte Damen und Herren,

hiermit erhebe ich Untätigkeitsklage gemäß § 75 Verwaltungsgerichtsordnung (VwGO), da mein Widerspruch vom [Datum] gegen die Entscheidung des Jugendamts [Ort / Sachverhalt] bislang nicht beschieden wurde.

Die gesetzliche Frist von 6 Monaten nach Einlegung des Widerspruchs ist abgelaufen, ohne dass eine sachliche Entscheidung ergangen ist. Ich sehe mich daher gezwungen, den Klageweg zu beschreiten.

Ich beantrage, das Jugendamt zur Entscheidung über den Widerspruch zu verpflichten.

Mit freundlichen Grüßen

_____

(Unterschrift)

B.3 Untätigkeitsklage gegen das Jugendamt (Antrag)
Verwendung: Wenn dein Antrag beim Jugendamt nach 3
Monaten nicht beantwortet wurde.

Absender:
[Vorname Nachname]
[Adresse]
[Kontakt]

An das Verwaltungsgericht
[Ort – je nach PLZ, z. B. auf
www.justizadressen.nrw.de ermitteln]

Ort, Datum

Az. [Aktenzeichen, falls bekannt]:
_____

Betreff: Untätigkeitsklage gemäß § 75 VwGO

Sehr geehrte Damen und Herren,

hiermit erhebe ich Untätigkeitsklage gemäß § 75 VwGO, da mein Antrag vom [Datum] beim Jugendamt bislang nicht entschieden wurde.

Die gesetzliche Frist von 3 Monaten ist ohne zureichenden Grund verstrichen.

Mit freundlichen Grüßen

_____

[Unterschrift]

B.4 Antrag auf Auskunft / Bericht über das Kind

Verwendung: Wenn du wissen möchtest, wie es deinem Kind in der Obhut einer Einrichtung, Pflegefamilie oder beim anderen Elternteil geht.

Absender:
[Vorname Nachname]
[Adresse]
[Kontakt]

An das Jugendamt [Ort]

Ort, Datum

Az. [Aktenzeichen, falls bekannt]:

_____

Betreff: Antrag auf Auskunft gemäß § 1686 BGB

Sehr geehrte Damen und Herren,

hiermit beantrage ich Auskunft über das Wohlergehen und die Entwicklung meines Kindes [Name, Geburtsdatum].

Bitte teilen Sie mir insbesondere mit:
- den aktuellen Aufenthaltsort,
- relevante schulische oder gesundheitliche Entwicklungen,
- Besonderheiten im Verhalten oder im Umgang mit anderen,
- sowie bestehende Förder- oder Hilfeangebote.

Ich bitte um eine schriftliche Rückmeldung innerhalb eines angemessenen Zeitrahmens.

Mit freundlichen Grüßen

_____
[Unterschrift]

C.1 Antrag auf Wiederübertragung der elterlichen Sorge (beide Elternteile)

Verwendung: Wenn beide Elternteile gemeinsam die elterliche Sorge zurückerlangen möchten.

Absender:
[Name Elternteil 1]
[Adresse / Kontakt]

[Name Elternteil 2]
[Adresse / Kontakt]

An das Amtsgericht – Familiengericht [Ort]

Ort, Datum: _____

Az.: [Aktenzeichen, falls bekannt]

Betreff: Antrag auf Wiederübertragung der elterlichen Sorge gemäß § 1696 BGB

Sehr geehrte Damen und Herren,

wir beantragen gemeinsam die Wiederübertragung der elterlichen Sorge für unser(e) Kind(er):
Name: [Vor- und Nachname, Geburtsdatum]

Begründung:
Seit der damaligen Entscheidung zur elterlichen Sorge hat sich unsere Lebenssituation erheblich

verändert. Folgende Entwicklungen und Nachweise untermauern unseren Antrag:

- Stabile und gemeinsame Wohnverhältnisse
- Positive Entwicklung der Beziehung zum Kind
- Teilnahme an erzieherischen Maßnahmen / Hilfen zur Erziehung
- Unterstützung durch Familienhilfe / Sozialpädagogik (Nachweise beigefügt)

Wir sind überzeugt, dass die Wiederherstellung der elterlichen Sorge dem Wohl unseres Kindes entspricht. Wir beantragen auch die Bewilligung von Verfahrenskostenhilfe, soweit erforderlich.

Mit freundlichen Grüßen

_____

(Unterschriften beider Elternteile)

C.2 Antrag auf Wiederübertragung der elterlichen Sorge (ein Elternteil)

Verwendung: Wenn nur ein Elternteil die Sorge wiedererlangen möchte.

Absender:
[Vorname Nachname]
[Adresse]
[Kontakt]

An das Amtsgericht – Familiengericht [Ort]

Ort, Datum

Az.: [Aktenzeichen, falls bekannt]

Betreff: Antrag auf Wiederübertragung der elterlichen Sorge gemäß § 1696 BGB

Sehr geehrte Damen und Herren,

hiermit beantrage ich die Wiederübertragung der elterlichen Sorge für mein(e) Kind(er) [Name, Geburtsdatum].

Meine Lebensumstände haben sich wesentlich verbessert. Ich füge entsprechende Nachweise bei und beantrage zugleich Verfahrenskostenhilfe.

Mit freundlichen Grüßen

_____

[Unterschrift]

C.3 Antrag auf Wiederübertragung durch nahestehende Verwandte

Verwendung: Wenn Großeltern, Onkel, Tante o. ä. die Sorge übernehmen möchten.

Absender:
[Vorname Nachname]
[Adresse]
[Kontakt]

An das Amtsgericht – Familiengericht [Ort]

Ort, Datum

Az.: [Aktenzeichen. falls bekannt]

Betreff: Antrag auf Übertragung der elterlichen Sorge gemäß § 1779 BGB i. V. m. § 1696 BGB

Sehr geehrte Damen und Herren,

ich beantrage die Übertragung der elterlichen Sorge für [Name des Kindes, Geburtsdatum] auf mich als nahestehender Verwandter.

Die Eltern sind derzeit nicht in der Lage zur Sorgewahrnehmung. Ich habe engen Bezug zum Kind und bin bereit, die Verantwortung zu übernehmen.

Mit freundlichen Grüßen

_____

[Unterschrift]

D.1 **Erinnerung gegen verweigerte Akteneinsicht (Gericht)**
Verwendung: Wenn das Familiengericht die Akteneinsicht verweigert.

Absender:
[Vorname Nachname]
[Straße, Hausnummer]
[PLZ, Ort]

An das Amtsgericht – Familiengericht [Ort]

Ort, Datum

Az.: [Aktenzeichen, falls bekannt]

Betreff: Erinnerung gemäß § 573 ZPO wegen verweigerter Akteneinsicht

Sehr geehrte Damen und Herren,

hiermit lege ich **Erinnerung gemäß § 573 ZPO** gegen die Entscheidung / Verfügung zur **Versagung der Akteneinsicht** im Verfahren [Name des Kindes oder Aktenzeichen] ein.

Die Akteneinsicht wurde verweigert, obwohl keine hinreichenden gesetzlichen Gründe für eine Einschränkung nach § 170 FamFG vorliegen. Ich weise darauf hin, dass die Akteneinsicht ein wesentlicher Bestandteil meines rechtlichen Gehörs und meiner prozessualen Rechte darstellt.

Ich bitte um **Überprüfung der Entscheidung** und um zeitnahe Gewährung der vollständigen Einsicht.

Mit freundlichen Grüßen

_____

[Unterschrift]

D.2 Erinnerung wegen unterlassener Kindesanhörung

Verwendung: Wenn ein Kind ab 14 Jahren bei einer Entscheidung – etwa über das Ruhen der elterlichen Sorge – nicht persönlich angehört wurde.

Absender:
[Vorname Nachname]
[Adresse]
[Kontakt]

An das Amtsgericht – Familiengericht [Ort]

Ort, Datum: _____

Az.: [Aktenzeichen, falls bekannt]

Betreff: Erinnerung gemäß § 573 ZPO wegen unterlassener Kindesanhörung

Sehr geehrte Damen und Herren,

im Verfahren betreffend [Name des Kindes, Geburtsdatum] erhebe ich Erinnerung gegen die unterlassene Anhörung gemäß § 159 FamFG.

Das Kind ist über 14 Jahre alt und hätte laut Gesetz persönlich zur Situation angehört werden müssen. Diese Anhörung fand – soweit mir bekannt – weder im persönlichen Gespräch noch in schriftlicher Form statt.

Ich bitte um:

- Prüfung des Verfahrens auf Einhaltung der gesetzlichen Anhörungspflicht
- Nachholung der persönlichen Anhörung gemäß § 159 FamFG
- Offenlegung, ob und ggf. wann das Kind anderweitig angehört wurde

Diese Erinnerung erfolgt im Sinne des Kindes und zur Wahrung seiner verfahrensrechtlichen Beteiligung.

Mit freundlichen Grüßen

_____

(Unterschrift)

D.3 Erinnerung wegen übergangener Entscheidung (Elternteil)

Verwendung: Wenn ein Elternteil im familiengerichtlichen Verfahren nicht ordnungsgemäß beteiligt oder über eine Entscheidung (z. B. Vormundwechsel, Entziehung der Sorge) nicht informiert wurde.

Absender:
[Vorname Nachname]
[Adresse / Kontakt]

An das Amtsgericht – Familiengericht [Ort]

Ort, Datum

Az.: [Aktenzeichen, falls bekannt]

Betreff: Erinnerung gemäß § 573 ZPO wegen unterlassener Beteiligung / übergangener Entscheidung

Sehr geehrte Damen und Herren,

hiermit erhebe ich **Erinnerung gemäß § 573 ZPO** im Verfahren [Aktenzeichen / Name des Kindes], da ich als sorgeberechtigter bzw. beteiligter Elternteil **nicht**

ordnungsgemäß an der gerichtlichen Entscheidung beteiligt wurde.

Konkret wurde ich weder vorab angehört noch über die Maßnahme [z. B. Vormundwechsel, Entziehung der elterlichen Sorge, Zuständigkeitswechsel] informiert. Dies stellt einen Verstoß gegen meine **Verfahrensrechte** sowie die Grundsätze des fairen Verfahrens dar.

Ich beantrage daher die **Überprüfung der Maßnahme** sowie die Wiederherstellung meines **Beteiligungsrechts**.

Mit freundlichen Grüßen

_____

[Unterschrift]

D.4 Erinnerung gegen den Gutachter (Befangenheit, Theorie, Geschäftsbeziehungen)

Verwendung: Wenn der vom Gericht bestellte Gutachter nicht neutral erscheint – etwa durch umstrittene Theorien, frühere Aussagen oder wirtschaftliche Verflechtungen.

Absender:
[Vorname Nachname]
[Adresse / Kontakt]

An das Amtsgericht – Familiengericht [Ort]

Ort, Datum

Az.: [Aktenzeichen, falls bekannt]

Betreff: Erinnerung gemäß § 573 ZPO – Besorgnis der Befangenheit des Gutachters

Sehr geehrte Damen und Herren,

im oben genannten Verfahren erhebe ich **Erinnerung gemäß § 573 ZPO** gegen die Auswahl / Bestellung des Gutachters [Name, falls bekannt], da **Zweifel an dessen Neutralität und fachlicher Eignung bestehen.**

Folgende Umstände begründen die Besorgnis der Befangenheit:

- Der Gutachter bezieht sich auf eine wissenschaftliche Theorie, die fachlich und gesellschaftlich stark umstritten ist (z. B. Kentler-These).
- Frühere Gutachten zeigen ein einseitiges Bewertungsmuster ohne differenzierte Betrachtung.
- Es bestehen **auffällige geschäftliche Verbindungen** zu Institutionen, die im Verfahren beteiligt sind.
- Die bisherige Kommunikation deutet auf eine mangelnde Objektivität hin.

Ich beantrage daher die gerichtliche **Überprüfung der Auswahl** des Gutachters sowie ggf. die Bestellung eines **neutralen und unvoreingenommenen Sachverständigen.**

Mit freundlichen Grüßen

_____

[Unterschrift]

D.5 Erinnerung gegen den Vormund (Eignung, Erziehungskonzept, Geschwistertrennung, Wechsel)

Verwendung: Wenn Zweifel an der Eignung des eingesetzten Vormunds bestehen – z. B. bei Interessenkonflikten, pädagogischen Differenzen oder problematischen Entscheidungen.

Absender:
[Vorname Nachname]
[Adresse / Kontakt]

Empfänger:
An das
Amtsgericht – Familiengericht
[Adresse des Gerichts]

Ort, Datum

Az.: [Aktenzeichen, falls bekannt]

Betreff: Erinnerung gemäß § 573 ZPO – Eignung des eingesetzten Vormunds

Sehr geehrte Damen und Herren,

hiermit erhebe ich **Erinnerung gemäß § 573 ZPO** gegen die Bestellung des Vormunds [Name, falls bekannt] im Verfahren betreffend mein(e) Kind(er) [Name, Geburtsdatum].

Folgende Gründe begründen die Zweifel an der Eignung:

- **Pädagogische Differenzen**: Das Erziehungskonzept des Vormunds ist mit meinen Vorstellungen und dem bisherigen Umfeld des Kindes nicht vereinbar.

- **Negative Vorerfahrungen**: Der Vormund hat in der Vergangenheit bereits unangemessen agiert oder unzureichend kommuniziert.
- **Interessenkonflikte**: Es bestehen erkennbare Bindungen zu bestimmten Einrichtungen oder Trägern.
- **Trennung von Geschwistern**: Die Entscheidung, Geschwister in unterschiedliche Einrichtungen oder Familien zu geben, widerspricht dem Kindeswohl.
- **Häufige Wechsel und Zuständigkeitsprobleme**: Der Vormund war bereits mehrfach nicht erreichbar, oder es gab unnötige Wechsel in der Betreuung, was die Nachvollziehbarkeit des Falls erschwert und die soziale Bindung des Kindes behindert.

Ich beantrage eine gerichtliche **Überprüfung der Eignung** und ggf. die Bestellung eines geeigneteren Vormunds.

Mit freundlichen Grüßen

———————————————————

[Unterschrift]

D.6 – Erinnerung gegen den Beistand (Positionierung, Befangenheit, unkritisches Verhalten)
Verwendung: Wenn der eingesetzte Verfahrensbeistand oder Ergänzungspfleger nicht neutral handelt oder das Kindeswohl nicht ausreichend berücksichtigt.

Absender:
[Vorname Nachname]
[Adresse / Kontakt]

An das Amtsgericht – Familiengericht [Ort]

Ort, Datum

Az.: [Aktenzeichen, falls bekannt]

Betreff: Erinnerung gemäß § 573 ZPO – Zweifel an der Eignung des eingesetzten Beistands

Sehr geehrte Damen und Herren,

hiermit erhebe ich **Erinnerung gemäß § 573 ZPO** gegen die Auswahl bzw. das Verhalten des eingesetzten Beistands [Name, falls bekannt] im Verfahren betreffend mein(e) Kind(er) [Name, Geburtsdatum].

Ich sehe die Eignung des Beistands aus folgenden Gründen als **nicht gegeben** an:

- **Einseitige Positionierung**: Der Beistand nimmt regelmäßig dieselbe Haltung in Verfahren ein – unabhängig von den konkreten Umständen.
- **Fehlende kritische Reflexion**: Die Argumentation wirkt stereotyp und nicht einzelfallbezogen.
- **Mangel an Neutralität**: Eine erkennbare Nähe zu bestimmten Institutionen oder Akteuren erschwert eine objektive Einschätzung.
- **Befangenheit**: Es bestehen Anhaltspunkte dafür, dass der Beistand mit vorherigen Verfahren, bestimmten Akteuren oder ideologischen Positionen verbunden ist.

Ich beantrage eine **richterliche Neubewertung** der Eignung und ggf. die Bestellung eines neutraleren Beistands im Sinne des Kindeswohls.

Mit freundlichen Grüßen

_____

[Unterschrift]

D.7 – Erinnerung wegen unangemessener Kinderbefragung
Verwendung: Wenn ein Kind ohne Wissen der Eltern, ohne neutrale Begleitung oder ohne altersgerechte Einordnung befragt wurde – mit möglicher Auswirkung auf eine Maßnahme.

Absender:
[Vorname Nachname]
[Adresse / Kontakt]

An das Amtsgericht – Familiengericht [Ort]

Ort, Datum

Az.: [Aktenzeichen, falls bekannt]

Betreff: Erinnerung gemäß § 573 ZPO wegen unangemessener Befragung meines Kindes durch das Jugendamt

Sehr geehrte Damen und Herren,

hiermit erhebe ich **Erinnerung** gegen die Maßnahme bzw. Entscheidung im Zusammenhang mit der durch das Jugendamt erfolgten Befragung meines Kindes [Name, Geburtsdatum].

Ich beanstande insbesondere:

- dass mein Kind **ohne mein Wissen oder meine Zustimmung** befragt wurde,
- dass **keine neutrale Begleitung oder pädagogisch geschulte Fachkraft** anwesend war,
- dass die Aussagen **ohne altersgerechte Einordnung und ohne qualifizierte Absicherung** als Grundlage für weitere Maßnahmen herangezogen wurden.

Ich beantrage die **gerichtliche Überprüfung der Verwertbarkeit** dieser Aussagen sowie die Offenlegung aller Gesprächsprotokolle.

Mit freundlichen Grüßen

_____

[Unterschrift]

E.1 Beschwerde gegen das Jugendamt (fehlende Zeugenbeteiligung, Protokolle)

Verwendung: Wenn das Jugendamt Zeugen verweigert oder Protokolle falsch bzw. lückenhaft führt.

Absender:
[Vorname Nachname]
[Adresse / Kontakt]

An die Leitung des Jugendamts / Beschwerdestelle
[Rathaus / Landratsamt, Adresse]

Ort, Datum

Az. [Aktenzeichen, falls bekannt]:

_____

Betreff: Beschwerde wegen fehlerhafter Verfahrensweise durch das Jugendamt

Sehr geehrte Damen und Herren,

hiermit erhebe ich **Beschwerde** gegen das Vorgehen des Jugendamts [Ort] im Verfahren betreffend mein(e) Kind(er) [Name, Geburtsdatum].

Ich beanstande konkret:

- Die **Verweigerung der Beteiligung benannter Zeugen**, obwohl diese sachlich relevante Aussagen machen könnten.
- Die **fehlende oder unvollständige Protokollierung von Gesprächen**, insbesondere wenn sie einseitig oder verkürzt wiedergegeben wurden.
- Die **subjektive Bewertung** von Aussagen ohne objektive Grundlage.

Ich fordere eine **interne Prüfung** dieser Vorgänge sowie eine schriftliche Rückmeldung zur weiteren Vorgehensweise.

Mit freundlichen Grüßen

_____

[Unterschrift]

E.2 Dienstaufsichtsbeschwerde gegen das Jugendamt

Verwendung: Wenn es zu übergriffigem, einseitigem oder pflichtwidrigem Verhalten kam.

Absender:
[Vorname Nachname]
[Adresse]
[Kontakt]

An das [Rathaus / Landratsamt / Aufsichtsbehörde]

Ort, Datum

Az. [Aktenzeichen, falls bekannt]:

_____

Betreff: Dienstaufsichtsbeschwerde gegen Mitarbeiter des Jugendamts

Sehr geehrte Damen und Herren,

hiermit erhebe ich Dienstaufsichtsbeschwerde gegen den/die zuständige(n) Mitarbeiter(in) des Jugendamts [Ort, Name falls bekannt].

Gründe:
- - wiederholte Verweigerung der Akteneinsicht

- - Androhung von Maßnahmen ohne rechtliche Grundlage
- - Einseitige Gesprächsführung, Beeinflussung
- - Nicht dokumentierte Aussagen

Ich bitte um Überprüfung und schriftliche Stellungnahme.

Mit freundlichen Grüßen

_____

[Unterschrift]

E.3 Befangenheitsantrag gegen prüfende Stelle (Beschwerdeverfahren)

Verwendung: Wenn die Stelle, die eine Beschwerde bearbeitet, befangen oder institutionell voreingenommen erscheint.

Absender:
[Vorname Nachname]
[Adresse]
[Telefon / E-Mail]

An die zuständige Beschwerdestelle / Aufsichtsbehörde
[Adresse]

Ort, Datum: _____

Az. [Aktenzeichen, falls bekannt]:

_____

Betreff: Antrag auf Ausschluss wegen Besorgnis der Befangenheit

Sehr geehrte Damen und Herren,

im Rahmen meiner laufenden Beschwerde gegen das Jugendamt [Ort] beantrage ich hiermit den Ausschluss der prüfenden Person [Name, falls bekannt] wegen Besorgnis der Befangenheit.

Begründung:

- Die prüfende Stelle gehört selbst zur Behörde, gegen die sich meine Beschwerde richtet, oder steht ihr institutionell zu nahe.
- Frühere Aussagen oder Maßnahmen der Person lassen auf mangelnde Neutralität oder vorgefasste Meinungen schließen.
- Es bestehen ernsthafte Zweifel daran, dass eine objektive und unabhängige Prüfung meines Anliegens erfolgt.

Ich beantrage, dass die Beschwerde an eine übergeordnete oder unabhängige Stelle zur weiteren Bearbeitung übergeben wird.

Mit freundlichen Grüßen

_____

(Unterschrift)

E.4 Beschwerde gegen den Vormund – Überprüfung der Eignung

Verwendung: Wenn Zweifel an der Eignung des vom Gericht bestellten Vormunds bestehen – z. B. aufgrund negativer Erfahrungen, Interessenkonflikte oder Kindeswohlbedenken.

Absender:
[Vorname Nachname]
[Adresse]
[Telefon / E-Mail]

An das Amtsgericht – Familiengericht
[Adresse]

Ort, Datum: _____

Az. [Aktenzeichen, falls bekannt]:

_____

Betreff: Beschwerde gegen den Vormund und Antrag auf Überprüfung der Eignung gemäß § 1779 BGB i. V. m. § 58 FamFG

Sehr geehrte Damen und Herren,

hiermit erhebe ich förmlich Beschwerde gegen den eingesetzten Vormund [Name, falls bekannt] im Verfahren betreffend mein(e) Kind(er) [Name, Geburtsdatum].

Ich beantrage die gerichtliche Überprüfung der Eignung des Vormunds aus folgenden Gründen:

- Fehlende Kommunikation mit mir als sorgeberechtigtem Elternteil trotz rechtlicher Beteiligung.
- Erkennbare Interessenkonflikte oder institutionelle Nähe zur Einrichtung, in der das Kind untergebracht ist.
- Abweichende pädagogische Vorstellungen, die dem Kindeswohl aus meiner Sicht nicht förderlich sind.
- Verweigerung relevanter Informationen und unzureichende Einbindung bei wichtigen Entscheidungen.
- Trennung von Geschwistern, obwohl eine gemeinsame Unterbringung möglich und dem Wohl der Kinder dienlich wäre.
- Wiederholte Wechsel der Zuständigkeit, was zu Bindungsabbrüchen und mangelhafter Nachvollziehbarkeit führt.
- Negative Erfahrungen mit dem Vormund aus früheren Verfahren oder bekannt gewordene Vorkommnisse.

Ich bitte um Prüfung sowie ggf. Bestellung eines neuen, besser geeigneten Vormunds im Sinne des Kindeswohls.

Mit freundlichen Grüßen

———————————————————

(Unterschrift)

Impressum

Impressum
Dieses Buch wurde anonym veröffentlicht unter
dem
Pseudonym:
© 2025 Regel Rebell
Kontakt: paragraphenjongleur@gmail.com
Verantwortlich im Sinne des § 5 TMG: RegelRebell
(Pseudonym)
Adresse folgt bei berechtigtem Bedarf auf Anfrage
Anregungen, Kritik, Fragen und Wünsche können
gerne per E-Mail an mich gerichtet werden.
Stand: Mai 2025 Verlag: BOD · Books on Demand
GmbH,
Überseering 33, 22297 Hamburg,
bod@bod.de Druck: Libri Plureos GmbH,
Friedensallee 273, 22763 Hamburg
ISBN: 978-3-7693-0882-2